कुछ बातें, कुछ यादें।

शहरों की बुनी कहानियाँ...

सौम्या गुप्ता

BookLeaf Publishing
India | USA | UK

Made with ❤ on the BookLeaf Publishing Platform
www.bookleafpub.in
www.bookleafpub.com

Dedication

मेरे माता-पिता को, जिन्होंने हमेशा मेरे सपनों को साकार करने में मेरा साथ दिया और मुझे पंख दिए।

मेरे छोटे भाई को, जिसने मेरी सभी कलाकृतियों और पुरानी कविताओं को दस साल से अधिक समय तक सहेज कर रखा, जिसने मुझे अपने खोए हुए सपने को फिर से साकार करने की प्रेरणा दी।

और उन सभी को, जिनसे मैं अब तक अपने जीवन में मिली हूँ, जिन्होंने मुझे संवारा है – चाहे दोस्ती, प्यार या जीवन के सबक सिखाए हों। मैं उन सभी की आभारी हूँ, इस अनुभव के लिए।

Preface

जीवन में हर चीज़ हमें एक ही सबक निरंतर सिखाती है – बदलाव को अपनाना। प्रवाह के साथ चलना। फिर भी, हम इसका विरोध करते रहते हैं। हमारे सभी दुख समाप्त हो सकते हैं, यदि हम जीवन को उसके वास्तविक स्वरूप में देखना शुरू कर दें।

यदि बदलाव न होता तो, हम ना देख पाते – गर्मियों में फूलों का खिलना, पतझड़ में पत्तों का गिरना, बारिश की रिम-झिम का आनंद, सर्दियों में बर्फ के साथ खेलना।

मेरी अधिकतर कविताएँ मेरी अपनी मंज़िल की खोज, मेरे गहरे प्रेम और भावनाओं, और उन चीज़ों को न छोड़ने के दर्द के बारे में हैं जिनसे मुझे प्रेम है। मैं अपने बारे में बहुत कुछ सीख रही हूँ और बहुत कुछ भूल भी रही हूँ – यह सफ़र मेरी अपनी मंज़िल और मुक़द्दर को कड़ी मेहनत से बनाने, अपने आराम के दायरे से बाहर निकलने और जीवन के हर दिन को गले लगाने के बारे में है, चाहे जीवन मुझे किसी भी आश्चर्य से भर दे। यहाँ मेरी कुछ रचनाओं का संग्रह है जिसे दुनिया पढ़, समझ और अनुभव कर सकती है।

Acknowledgements

निजी डायरी से कविताएँ साझा करना एक बेहद संवेदनशील और समय लेने वाला निर्णय है। यह ऐसा है मानो आप अपने कोमल हृदय को पूरी दुनिया के सामने खोल रहे हों...मेरा परिवार हर तरह से मेरा साथ देता है – वे बचपन से ही मेरी कविताओं को सुधारने में मेरी मदद करते रहे हैं।

मैं बहुत भाग्यशाली हूँ कि मुझे मेरी नानी, दादी और बुआ का साथ मिला, जो मेरे लिए माँ समान हैं – जो मुझे हर दिन प्रेरित करती हैं, मेरा हौसला बढ़ाती हैं और मुझे प्रोत्साहित करती हैं। वे मुझे शांत, सौम्य और प्रेमपूर्ण होना सिखाती हैं और मैं बड़ी होकर उन्हीं की तरह बनना चाहती हूँ।

साथ ही, मेरी रूममेट प्रियंका को भी धन्यवाद, जो मेरी कविताओं की पंक्तियों को बड़े मन से सुनती है और उन्हें निखारने के लिए सुझाव देती है।

1. सफ़र

जहाँ का दाना-पानी लिखा हो,
ले जाती हैं हवाएँ वहाँ
जिन रास्तों से गुज़रते चले
मंजिलें मिलती हैं वहाँ...

कौन कहता है तुम हो एक शहर के बंदे ?
तुम तो शहरों की बुनी कहानी हो...

ना घर का पता,
ना दरिया का निशान
तुम तो कश्ती में सवार
एक मुसाफ़िर हो।

बुलंद इरादों का,
हौसला अफ़ज़ाई का,
लिखी कविताओं का
सार हो तुम...

सार हो तुम,
उन उलझनों का...
जो घर से निकल कर
नए रास्तों पर चल कर मिलती हैं।

वो मिसाल हो तुम,
जो कहानी गुमनाम ही सही,
शोर करती गुज़रती है..

ऐ मुसाफ़िर,
वो मंज़िल ही क्या,
जो मुकद्दर में हो...

बात तो उनकी होती है
जो मिलकर भी ना मिले,
जिन पलों को जी कर
हमने खो दिया...
फिर मन भर कर, रो कर,
यादों में उन पलों को समेट लिया।

वो दरिया,
जो पार कर चले...
जो यादों में, इरादों में,
जीवन की सीख में,
कुछ हार, कुछ जीत में,

यही तो जीवन का सफ़र
जीवन की रीत है।

2. भूली-बिसरी यादें...

वो बचपन के दिन...
नानी माँ की कहानियाँ,
और वो ढेर सारी शैतानियाँ...
मामा के संग मस्ती,
कैसे भर देती थी चुस्ती...
माँ की लोरी,
वाह! वो स्वादिष्ट खीर की कटोरी,
मैं भी कैसी थी ?
बिल्ली-सी चटोरी।
पापा का लाड़,
उफ़! पढ़ाई का पहाड़...

पतझड़ के मौसम में,
या बारिश की रिमझिम में,
यूँ ही बैठे-बैठे, याद कर लेंगे;
हम ये सुखद बचपन के दिन।

माँ की डांट को,
पापा के प्यार को,
नानी की मुस्कान को,
दादाजी के ज्ञान को,
याद रखेंगे सदा।

कभी हँस देंगे,
तो कभी रो लेंगे...
यही बन जाएँगी,
हमारी भूली-बिसरी यादें
और बीती हुई बातें।

हम भी कभी एक बात बनेंगे...
किसी ना किसी की याद बनेंगे...
रौशन अपना नाम करेंगे,
हम ऐसा कुछ काम करेंगे।

हम संकल्प लेते हैं
कि हम पहले एक
अच्छे इंसान बनेंगे,
और
इंसानियत के लिए
काम करेंगे।

3. कलयुग का ज़माना

चूहों के सामने खुद को शेर दिखाना,
ताकतवर के सामने भीगी-बिल्ली बन जाना
बच्चे अपनी बड़ाईयाँ करने में नंबर वन
परीक्षा में तो जैसे इनकी बोलती बंद।

कक्षा में बैठ कर खाना खाना,
पढ़ाई करने में नख़रे दिखाना।
दोस्तों के साथ कट्टी-बट्टी,
सिनेमा के लिए तो स्कूल से भी ली छुट्टी...
दोस्तों की खेलती-कूदती फौज,
ज़िंदगी को समझे मौज ही मौज।

फिर, नौकरी ना करने के सौ बहाने
पर लाखों कमाने के सपने सजाने।
कहेंगे, पढ़-लिख कर इतने बड़े बने हैं...
फिर क्यों इतनी कठिनाइयों से हम घिरे हैं...?

रिश्वत लेने-देने का अफ़साना
अरे भई! ये है महँगाई का ज़माना।
अब तो रोना नहीं, सिर्फ है रुलाना,
आख़िर ये है - कलयुग का ज़माना।

4. बचपन

वक्त बदल रहा है,
जज़्बात बदल रहे हैं,
और बदल रहे हैं हम...।
इस बदलाव के साथ आगे बढ़,
जीना सीख रहे हैं हम...।
थोड़ा रुक कर,
पीछे मुड़ कर देखा,
ना जाने कैसे
ये बचपन के दिन पीछे छूट रहे हैं।

अब तो याद भी नहीं कैसे थे,
जब नये-नये निकले थे
घर का सुकून छोड़,
ज़िंदगी को बड़ा बनाने के लिए...

समय और तजुर्बे से पता चले –
ये बड़े शहरों के किस्से
और इनके दिलों के आधे-अधूरे हिस्से।

क्या सच में यही माँगते थे जीवन से ?
तब तो बड़ी रफ़्तार से बड़ा होना था...

आकाश छूती इमारतों में बैठ,
खुली हवा में साँस लेना भूल गए...

दौलत कमाने की दौड़ में तो,
सारे खिलौने भी पीछे छूट गए...

सुख, चैन, और शांति छोड़ो,
खुद के लड़कपन के दिन भूल गए...

बस अब,
मुझे वापस लौटा दे कोई –
मेरी माँ की लोरी,
दादी माँ की खीर की कटोरी,
पापा की झप्पी,
नानी के प्यार की पप्पी...

बस कोई मेरा बचपन लौटा दे...
मेरे चार खिलौने, तीन रंगों वाली चॉक,
दो पल की राहत और एक खुला आसमान...

5. स्कूटर

बालों की छोटी-छोटी दो चुटिया,
आँखों पे गुलाबी फ्रेम वाला काला चश्मा,
खड़े हो गए मामा के स्कूटर के आगे...
"मामा, घुमाओ ना कहीं...!"

पिद्दी-सी, गुंडी-सी,
यहाँ घुमाओ, वो दिलाओ करती थी...
चंपक की कॉमिक और बंटा सोडा पीती थी;
भांजी अपने मामा के साथ, मस्ती बहुत करती थी।

फिर थोड़ी-सी बड़ी हुई तो,

पापा को पकड़;
स्कूटर पर चढ़ती थी।
पीछे बंदर जैसे जकड़
शहर की गलियों में घूमती थी...

दिवाली की शामों में,
गेंदे की फूलों की माला ढुंढवाने में
हर गली-मोहल्ला छनवा दिया करती थी।

अब हर साल दिवाली पर,
पापा ये किस्सा ज़रूर सुनाते हैं।

बचपन वाले ये किस्से
याद सच-मुच में बहुत आते हैं...

फिर थोड़ी-सी और बड़ी हुई तो;

खुद चलानी सीखी स्कूटी,
डर-डर, ठहर-ठहर;
कुछ चली, कुछ गिरी-संभली सी।

...

फिर आज तुम्हारे स्कूटर पर,
जो मैं पीछे बैठी...
पहले तो थोड़ा रुक कर,
थोड़ा हिचकिचाकर
जैकेट का कोना पकड़ा।

फिर रखा काँधे पर हाथ,
कुछ जाना-पहचाना सा महसूस हुआ

मंद-मंद सी मुस्कान के साथ,
मानो कानों में गाना-सा चला।
तुम्हारे आने से मानो
बचपन का एक खोया एहसास
थोड़ा-सा वो बेपरवाह अंदाज़
दिल में हो खिला।

तुम्हारे साथ में
वो अपनापन है,
जो घर पर मिलता था...
शायद ऐसे ही पता चलता है
जब प्यार किसी से होता है...
कैसे कोई पराया,
तब अपना-अपना सा लगता है।

6. नानाजी

प्रिय नानाजी,

तितली के रूप में आते हो,
फूलों की ख़ुश्बूओं में समाते हो
याद नहीं, मगर...
लगता है आज भी,
वैसे ही,
पेट पर लिटाते हो।

ये ज़िन्दगी एक पतंग है,
जब कभी किसी पेड़ पर अटकती है तो;
तेज़ हवाएँ चला कर
इसे छुड़ाते हो।
हौंसला देते हो,
आगे बढ़ने का...
कुछ करने का...
कुछ बनने का...
ऊँचाई पर पहुँचने का।

...
अपनी देह त्याग कर,
जो आप चले गए...
आँखों से आँसू बह गए।

इन आँखों में एक सपना भी है,
जो हमें पूरा करना है...
आपका नाम रौशन करना है।

आपसे तो बस;
आपका आशीर्वाद
और ढेर सारा प्यार चाहिए...
बस यही,
...और कुछ नहीं।

7. कुछ गुम-सी, कुछ नम-सी

कुछ गुम-सी, कुछ नम-सी,
ख़्वाहिश है इस दिल में।
कुछ नर्म-सी, कुछ मासूम-सी,
उम्मीद है इस मन में।

ये जो रास्ता है,
ये जो फ़ासला है,
मेरे तुम्हारे दरमियाँ,
ऐ मंज़िल मेरी,
मुक़द्दर मेरा,
तू इस कदर आके मिल जा मुझे...

ये रास्ता इतना लंबा क्यों है ?
ये फ़ासला इतना गहरा क्यों है ?
ये ज़िंदगी इतनी छोटी क्यों है ?
ये ख़्वाहिशें इतनी सारी क्यों हैं ?

क्यों नहीं हम खुश;
बस मुस्कुरा रहे हैं ?
तेरे लिए ज़िंदगी,
जीते चले जा रहे हैं...

8. मंज़िल

ना जाने मेरी मंज़िल कहाँ,
अभी तो सफ़र का इरादा किया है।
ना हारूंगी हौसला ज़िंदगी भर,
किसी और से नहीं,
खुद से जो वादा किया है।

ज़िंदगी की राह में
जो तन्हा छूट गई हूँ,
ना हार मानूँगी कभी,
मैं दृढ़संकल्पी जो हो गई हूँ।

ये तन्हाई नहीं बल्कि
मेरी सहनशीलता की परीक्षा है,
मेरी मंज़िल तक पहुँचने का,
एक मात्र ज़रिया है।

जैसे तेज़ हवा चलने से,
फूलों की ख़ुशबू चारों ओर फैल जाती है...

वैसे ही, मेरा यश चारों ओर फैले,
ऐसा मेरी माँ मेरे लिए चाहती है।

मेरा कर्तव्य, मेरा कर्म है,
मेरा कर्म ही मेरी प्रतिज्ञा है,
मेरी प्रतिज्ञा ही मेरी जीत है,
मेरी जीत ही मेरी मंज़िल है।

अर्थात् मेरा कर्तव्य मुझे मेरी मंज़िल तक पहुँचाएगा।

9. हमें ज़िन्दगी से क्या चाहिए ?

अपनों का साथ,
थोड़ा-सा प्यार चाहिए।
कड़वे रिश्तों में थोड़ी-सी
मिठास चाहिए।

इन चिंताओं से,
दुविधाओं से मुक्त,
थोड़ी-सी ख़ुशी चाहिए।
खुद पर,
और दूसरों पर करने के लिए
थोड़ा सा भरोसा चाहिए।

दूसरों को माफ़ करने का
एवं कठिन परिस्तिथियों से
लड़ने का हौसला चाहिए।

चैन की नींद सोने के लिए,
थोड़ा-सा सुकून चाहिए।
मेहनत से ना डरने का
साहस चाहिए।

कुछ कर-गुज़र जाने का
वो जुनून चाहिए...
अपनी मंज़िल को छू लेने का जज़्बा चाहिए।

बस,
थोड़ी-सी,
बेफिक्र जिंदगी चाहिए –

मुस्कुराने की,
ज़िन्दगी को जीने की वजह चाहिए।

खुली हवा में साँस लेने का,
अपने आज़ाद होने का –
प्रमाण चाहिए।
प्रमाण चाहिए।

10. मुलाक़ात

उनसे यूँ मुलाक़ात हुई,
कि हम आ रहे थे,
और वो जा रहे थे...
उस रास्ते पर,
जिस पर हम काफी सालों से रह तो रहे थे,
पर मिले थे पहली बार।

तकरार हुई, इकरार हुआ,
इज़हार भी हुआ,
फिर आया एक बहुत लंबा इंतज़ार...

इंतज़ार से ज़्यादा नाराज़गी थी,
उनकी चुप्पी की।
कोई एक चिट्ठी,
एक पैग़ाम,
एक आवाज़,
या एक आँसू भी मेरे नाम किया होता...

पर फिर जिसे जैसा ठीक लगे,
यही सोच लिया था हमने।

पर जिसको मिलना हो,
मिल ही जाता है।
...

वापस एक मोड़ पर,
फिर टकरा गए
कुछ वो बदले,
कुछ हम थे बदले।

फिर भी कुछ तो था दरमियान,
जो बार-बार खींच ही लेता है हमें
एक ऐसे गुमनाम एहसास में...

जो शायद किसी चिट्ठी,
पैग़ाम, या आवाज़ का
मोहताज नहीं।
शायद आँसुओं की भी ज़रूरत नहीं...

एक दफे जब,
एक ही रास्ते के आदि और अंत पे खड़े थे हम,
अपनी-अपनी मंज़िल की दिशा में देख रहे थे,

चिट्ठियाँ नहीं अब,
फोन के ज़माने की बात है
तो उसने मुझे देखा, फ़ोन किया
और बोला, “क्या पढ़ रही हो आज-कल ?”

मैंने अपनी ज़िंदगी की खुली किताब का नाम लिया

...तो धीमा-सा मुस्कुराते हुए
कहा उसने प्रेम से,
“अंत बचा कर रखना...।”
“अंत बचा कर रखना...।”

11. तुम, मैं और दो कप चाय

हमारी शाम को,
जाम नहीं, चाय चाहिए।
थोड़ी चुस्की, थोड़ी चर्चा,
और दिल को तुम्हारा साथ चाहिए।

तुम, मैं, ये शाम,
खुला आसमां,
और ये चाँद,
जो देख रहा है हमे
दो अलग-अलग शहरों में...

ना साथ लिखा है,
ना वक़्त है नसीब में।

मसरूफ़ हो गए कब इतने,
क्या भूल ही गए आप हमें ?

कितना अजीब है ना,
जैसे-जैसे वक्त के साथ
दूरियां आती हैं,
"तुम" से "आप" बन जाते हैं।

पर जनाब ये तो अब मसला है ना,
क्या तुम इसे सुलझाओगे ?

...मेरे पास कभी आ पाओगे ?

कितने मसले हैं
जो चाय के साथ सुलझाए जा सकते हैं।
थोड़ा सा वक्त लेकर आना...
मैं और दो कप चाय तुम्हारा इंतज़ार करेंगे
आना, तो फ़ुर्सत लेकर आना...
बड़े दिन हो गए सुकून की बाहों में बैठे हुए;
थोड़े से अल्फाज़ लेकर आना...
वैसे तो मुझे बोलने का शौक़ है,
लेकिन उससे भी ज़्यादा पसंद है,
बोलते हुए तुम।

12. ज़िद्दी

हाँ, थोड़ी-सी पगली,
थोड़ी-सी झल्ली,
थोड़ी-सी ज़िद्दी हूँ मैं।

आँखों में मस्ती,
होठों पे मुस्कान लेकर
ख़ूब सारी पटर-पटर करती हूँ मैं।
करने दो मुझे थोड़ी मस्ती,
मेरी मन-मर्ज़ी की...
किसी-किसी के सामने ही कर पाती हूँ मैं।

पसंद है मुझे,
तो कोशिश करती हूँ,
कि तुम्हारी ज़िंदगी में थोड़े-से
अपने रंग भर दूँ।

...
ऐसा नहीं है कि तुम खुश नहीं,
शायद अकेले कुछ ज़्यादा ही ठीक हो,
पर कभी तुम्हारे साथ बैठूँ तो,
मैं खुद भी खुश हो जाती हूँ।

तुम चुप रहो, तो भी ठीक;
ख़ामोशी पढ़ लेती हूँ मैं।

आख़िर कितने कम लोग होते हैं,
जिनके साथ ख़ामोशी बाँट पाते हैं।
खैर, जाओ।
तुम अपनी ज़िंदगी बनाओ।
करो खुद पर काम तुम,
मैं भी करती रहूँगी...
पर जहाँ भी जाओ,
वापस यहीं आना...
थोड़ी-सी ज़िद है
मेरे इंतज़ार को तुम्हारी।

वापस आओगे क्या ?

हर बार कुछ अतरंगी-सी,
फिरंगी-सी कॉफ़ी मंगा लेते हो।
फिर मासूम-सी आँखों से,
थोड़ी-सी शरारत से,
नादान आवाज़ में पूछते हो कि
"ये वाली तुम...पियोगी क्या ?"

हाँ बाबा,
यही तो है हमारी यादों में,
आगे की बातों में,
छोटे-छोटे पलों से
बुनी कहानी में लिखा जाएगा।

ज़िद है मेरी थोड़ी-सी,
ये वाली तो तुम्हें माननी पड़ेगी...
कभी वापस मुलाक़ात हो,
तो तुम ऐसे ही
कोई अपनी पसंद की कॉफ़ी मँगवाना।

बस यही।
इतनी-सी ज़िद है मेरी।

हम साथ हों,
पास हों,
हाथों में हाथ हो,
और हमारी खूब सारी बात हो।

पता नहीं तुम्हें
कभी महसूस हुआ भी है कि नहीं;
आज कह देना चाहती हूँ...
कॉफ़ी तो बस एक बहाना है,
मुझे तो तुम्हारे साथ
थोड़ा-सा वक़्त बिताना है।

बस इतनी-सी ज़िद है मेरी...
मानोगे ना ?

13. डायरी

तुम्हारी दी हुई डायरी में,
मेरी शायरी में,
लिखा है मैंने
दूसरे पन्ने पर,
तुम थोड़े-से पसंद आ गये मुझे।

और दो पन्ने पलट,
ये भी बता दिया मैंने...
कि तुम्हें पसंद होंगी भी शायद;
तो इतना नहीं कि तुम रुको।

अभी तो तुम्हें अपने
ख्वाबों को पूरा करना है,
वो फिल्मों वाले **'बनी'** जैसे
सपने देखते हो तुम...

पर मैं कोई **'नैना'** नहीं,
मैंने अपना दिल खोल कर
अपनी शायरी का,
अपनी छोटी-सी डायरी का
हर लफ़्ज़ खोल दिया –
अपने दिल का सारा हाल,
ख्वाबों का पिटारा,
तुम्हारे आगे खोल दिया...

हाँ-हाँ, तुम्हें नहीं समझा
तुम्हारी गलती नहीं,
लो कह दिया आज...
इतना आसान नहीं,
दिमाग वाले इंसान का,
दिल वाले इंसान को समझना।

और ठीक भी है।
जैसा मुझे पसंद,
जो मेरी ख़्वाहिश...
क्यूँ ही दूसरे को भी
हो वही मंज़ूर ?

लिखने को तो लिख दी मैंने
बड़ी बड़ी बातें,
बस अब थोड़ा मन को,
थोड़ा-सा दिल को,
और थोड़ा-सा ख़्वाबों को भी सँभालना है।

जब तक है मेरी डायरी,
मेरी साथी...
मेरी शायरी याद करते रहेंगे तुम्हें सदा।

पर आज कह देती हूँ
...अलविदा।
...अलविदा।

फ़िर मुलाक़ात होगी
...कभी ना कभी
...वरना कोई नहीं,
वो भी सही।

14. मन का क्या ?

लोग आये और चले गये,
कुछ ये पल भी गुज़र गये
हमने आगे बढ़ने का क्या सोचा,
तो कुछ मन-पसंद लोग भी
पीछे छूट गए...

कहने को कहते हैं लोग,
यही जीवन है – यही होता है।
पर मन का क्या ?

दोस्त आये, दोस्त छूट गये,
कौन आगे, कौन पीछे ?
मोह तो टूट ही गए...
पर मन का क्या ?

यूँ तो मैं मौन रह जाऊँ
वैसे भी किसी से क्या ही बोल पाऊँ ?
लेकिन लिखने बैठूँ तो
वाणी में ना सही, कलम में तो ज़ुबान है,
अनकहे मेरे शब्द, चुप्पी से परेशान हैं,
थक गई हूँ, सोच-सोच कर,
यादों के मोतियों की माला
बुन-बुन कर।

क्या इतना आसान है
लोगों का आगे बढ़ना,
पीछे मुड़कर कभी ना देखना ??

चलो मान भी लें,
कि होता आया है यही
पर मन का क्या... ?

वक़्त में पीछे ना सही,
पर अगर उन रास्तों पर वापस मुड़े,
टकराए अगर उन जाने-पहचाने चेहरों से,
पूछेंगे उनसे,
कि क्या याद हूँ मैं ?
...पर क्या याद होंगे उनको भी,
जैसे प्रिय हैं मुझे ?

वैसे तो हम एक दूसरे के कुछ भी नहीं,
चार कदम साथ चल,
चाय की चुस्कियों पर दोस्ती हुई।
...
होते होंगे लोगों के और भी लोग,
मिलते होंगे ढेरों से रोज़ के रोज़।
...
पर मेरे भोले मन का क्या ?
मेरे नादान दिल का क्या ?
मेरी ज़िद्दी-सी दोस्ती का क्या ?
...

जो छोड़ना नहीं जानती,
जो भूलना नहीं चाहती।
जो मोह को पकड़ कर,
यादों को जकड़ कर,
सबको साथ रखना चाहती है...

क्या उस मन का,
क्या ही क्या ?

15. ख़्वाब-ओ-काश

ये ख़्वाबों भरी ज़िंदगी और ख़्वाहिशों की काश के बीच;
जो ये हकीकत है ना,
बस वही छोटा-सा मसला है...

नादान इंसान
और ज़िद्दी दिल...
देख ही नहीं पाए
कब चाय के प्यालों की चुस्की से
कॉफ़ी तक के सफ़र में
दोस्ती के रंगों में इश्क कब हुआ ?
और फिर एक पल में,
हकीकत की दीवार का सामना...

'ख़्वाब' देखने शुरू ही हुए थे कि,
मासूम-सी पलकें खुली,
और ख़्वाब टूट कर 'काश' बन गए।
...
काश बन कर,
कुछ मेरे अंदर
अधूरा-सा रह गया।

अब बस दिन गुज़र रहे हैं,
ख़्वाब-ओ-काश के बीच;
रोज़ जी रहे, और मर रहे हैं।

नहीं-नहीं,
वैसे वाला मरना नहीं,
पर हाँ;
कुछ है जो टूट-सा गया है,
इधर-उधर बिखर-सा गया है।

बस समय लेकर,
खुद को जोड़ रहे हैं...
और अब, हम भी
आगे बढ़,
हकीकत में जीना सीख रहे हैं।

16. कुछ तो

ऐसे ही हमें
याद कर लो कभी,
ये दिल थोड़ी
उम्मीद लेकर बैठा है...

थोड़ा-सा हमें देख मुस्कुरा दो
ये दिल उदास है अभी।

कुछ तो कह दो यार –
मन अशांत है,
बेकरार है।

कुछ तो सुन लो मेरी भी
बहुत बातें हैं कहने को।

थोड़ा-सा चल लो
साथ मेरे,
यह रास्ता
बहुत लंबा है,
तन्हा है।

देखो ना,
तुम्हारे बिना,
यह जो
गहरा अँधेरा है...

हाथ पकड़ लो ना
एक दफ़ा..
क्यों खफ़ा हो तुम ?

कभी तो,
कुछ तो..
वक़्त अपनी ज़िंदगी का...
...कर दो हमारे नाम भी।

17. मैं, मेरा मन और मेरी कलम

मैं सोचती बहुत हूँ,
और यह मन महसूस बहुत करता है।

अपने आप में दोनों
शांत बैठे भी,
खूब बातें करते हैं।

कभी मुस्कुराते,
कभी लड़ते-झगड़ते हैं।

इस गुमनाम-से एहसास का
न सर, न पैर कभी...

कैसे बताऊँ मैं तुम्हें,
खुद में परेशान-से...
कितना ये रहते हैं।

फिर इनकी मुलाक़ात हुई
एक कलम से –
जो इन्हें,
"बहुत" कहकर
ना टोकती है।

जो पहले खुद को
यूँ अकेला पाते थे,
कलम उन्हें बोलने का
मौका देती है...

अब हर शाम,
मैं,
मेरा मन,
और मेरी कलम,
चाय के साथ बैठते हैं,
और घंटों तक
खूब सारी
बातें करते हैं।

...
आज जो बात हुई तो
किया है कलम ने
मन का हाले बयां

...
मन को जो तुम भाए;
तो जीवन में महक-सी लाए,
दिल में दस्तक दी,
तुम्हारे प्यार की राह देखी –
मन में आई उम्मीद
कि कहीं वो तुम ही तो नहीं...?

पर क्या मालूम था मुझे,
कि एक नया सबक है ये,
जीवन का संदेश है ये।

मन पक्का करो,
दिल पर काबू रखो;
मिलेगा, जो मिलना है
रहेगा वो –
जिसको रहना है...

दो चीज़ खुद आपको ढूँढती हैं –
उनके पीछे दौड़ा नहीं करते;
ईश्वर से अलग से माँगा नहीं करते।

'मौत' और 'मोहब्बत'
...ये अपने आप मिलेंगी।

अपने वक़्त पर,
सही इंसान से..
विधि के विधान से...।

18. तुम हो मेरी कविता

गीतों में, ख्वाबों में,
सुबहों में, शामों में,
ढूँढा है तुम्हें।

हकीकत में, इबादत में,
मन्नतों में, मुरादों में,
माँगा है तुम्हें।

कोशिशों में, अरमानों में,
रोकने का सोचा है तुम्हें।

पर तुम मेरे थोड़े ही थे...
कि माँगने, रोकने या चाहने से
मेरे हो ही जाते ?

ऐसा नहीं है कि,
कुछ मिला नहीं,
न ही ऐसा है कि,
कुछ रहा नहीं कभी;
लेकिन तुम नहीं थे पास मेरे,
तो लगा जैसे
कोई फूल खिला ही नहीं कभी ...

तुमको याद भी हूँ मैं ?

मुझे तो याद है तुम्हारी आँखें
वो सुंदर-सी झील,
वो ख्वाबों का आशियाँ...
मुझे याद है वो हँसी
वो डिंपल वाली बड़ी-सी मुस्कान।

मुझे याद है तुम्हारा सोकर उठते ही
वापस सो जाना,
कुछ बोलने पर नखरे करके
कंबल में वापस घुस जाना।

मुझे याद है तुम्हारा
चाय की घूँट पर
आँखें मूँद के सोचना
या शायद, न सोचना;
और ऐसे ही मौन हो जाना...

याद है मुझे...
तुम,
तुम्हारी बातें,
तुम्हारा प्रेम,
तुम्हारी यादें...
...पर क्या तुमको याद हूँ मैं ?

क्या मेरा नाम भी कभी
आता होगा
तुम्हारी ज़ुबान पर ?

क्या लगा कभी ऐसा...
कि मुझे रोक लेते तो क्या होता ??
या मैं ही पागल
मन में
ख़याल पका रही हूँ...?

तुम तो किसी की बाहों में
अपना घर बना लिए –
किसी नए का यूँ
हाथ थाम लिए...।

और एक हम हैं यहाँ,
जो हर कविता को तुम,
और तुमको ही अपनी कविता
बना बैठे हैं...।

19. परिवर्तन

मौसम बदलते हैं...
हालात बदलते हैं...
जज़्बात बदलते हैं...
पर समय,
समय चलता रहता है
...निरंतर।

ये प्रकृति एक पहिए के समान है।
पहिया निरंतर घूमता रहता है...
जैसे हर दौर के बाद
अतीत दोहराया जाता है।

...
दूर कहीं किसी वीराने में
जाने कैसे एक पौधा उगा;
मौसम बदला, वक्त बदला..
और धीरे-धीरे हुआ वो पौधा बड़ा...

देखते ही देखते;
पौधा बना पेड़।
निकली कई शाखाएँ।
वो पेड़ था घना,
बड़ा था उसका तना,
दृढ़ और मजबूत था वो खड़ा।

वक्त निरंतर अपनी गति से चलता रहा...
पेड़ हालातों के साथ
बिगड़ता-संवरता रहा।

कभी पत्ते उगकर, झड़ जाते थे,
कभी फूल खिलकर मुरझा जाते थे।

तेज़ हवा का झोंका आया,
क्षण भर में उसने सारे पत्तों को उड़ाया...
हालात बदले से थे,
पेड़ अब बूढ़े हो चले थे।

अब पेड़ सूख-सा गया
उसका तना मुड़-सा गया...
शाखाएँ झुक-सी गई,
मानो साँसें थम-सी गई...

उसने जीवन जी लिया था।
उसका मरण अब आ गया था...
फिर दिन गुज़रेंगे,
हालात बदलेंगे।
फिर कोई नन्ही-सी जान जन्म लेगी...

वक़्त लेकिन बढ़ता रहेगा...
अपनी गति से चलता रहेगा...
...चलता रहेगा।
...चलता रहेगा।

20. पहाड़ों में

थक-हार कर,
टूट कर, बिखर कर,
आए थे इन पहाड़ों में...

खुद को न जाना,
और न ही पहचाना।
थे ऐसे मंज़र पर,
जहाँ सिर्फ़
खुद की कमियाँ दिखती थी।

जीवन इतना तो जिया भी न था,
जितना हम खुद में ही हार गए थे।

पता नहीं कब और कैसे,
खुद में इतना दर्द लेकर,
खुद से निराश होकर,
जी तो रहे थे...
पर रोज़ दुःख में
डूब रहे थे।

फिर जब पहाड़ों का बुलावा आया,
पहल-पहल तो हमने ठुकराया।
बहुत सोचा,
और खुद को समझाया...

धीरे-धीरे खुद को हौंसला दिलाया।

नहीं पसंद थी मुझे ये ठंड,
ये पहाड़ पहले पहल –
लगता था..
कैसे रहते होंगे लोग यहाँ ?

शहर की धूल और धक्के से
जब निकले लेकिन;
तब इन पहाड़ों ने गले लगाया।

बाहर से सख्त,
और अंदर से नर्म से
हैं ये इतने –
जीव, जंतु, और जल को
सीना चीर के निकलने देते।

इन पहाड़ों को छोड़ कर
जाने का अब मन नहीं,
इनमें खुद को जो पाया है...

ये पहाड़,
ये यादें,
ये हसीन वादियाँ,
और ये सफ़र...
...खुद को वापस पाने का।

एक ऐसा सफ़र
जिसकी मंज़िल-ए-मुक़द्दर नहीं,
उसे एक सुंदर अंजाम
देकर यादों में बसा लिया...

पर याद रहेंगे सदा
ये पहाड़ –
जिन्होंने;
मेरे सारे दुःख लेकर
अपना सहारा दिया..
जीने की नई दिशा
और मेरे सपनों को मौका दिया।

पर अब जाने का वक्त है
वापस उस दुनिया में..
मन नहीं लेकिन
ज़रूरी बहुत है..।

इन यादों को समेट कर,
गठरी बाँधी है;
फिर मिलेंगे कभी,
मौका मिला इस ज़िंदगी-ए-तोहफे में!

21. मुक़द्दर

कर्म करते जा, आगे बढ़ते जा
एक दिन आएगी मंज़िल...
बस यही सीखा है बचपन से।

मंज़िल की खोज में निकल गये थे
दस साल पहले घर से...
पर जब चले थे,
ना ज़हन में कोई थी तस्वीर,
ना ही जीवन का तजुर्बा था।

ना इंसान परखना आता,
ना ही अपना खुद का कुछ पता।

पहले लोगों को समझूँ
या खुद को ढूंढूं ?
...
हाँ लोग ही सिखा-सिखा कर
खुद से मिलवाएंगे!

ये मंज़िल कब आएगी ?
क्या हम कभी खुद को
समझ और समझा भी पाएंगे ?

मंज़िल से बड़ा मुक़द्दर
यही मैंने जाना है।
घर बदला, शहर बदला,
अब ना पीछे घर का पता
ना आगे, अगले शहर का...

जहाँ गये, वहाँ के हो गये;
कुछ सीखा, कुछ जाना,
कुछ अपनाया, कुछ...जाने दिया।

शहर-शहर भटक-भटक,
भटक-भटक शहर-शहर,
यही ज़िंदगी चल रही है।

अब भी लेकिन अपना सपना
सीने में फौलाद है।
मंज़िल तक रास्ता बनाना है...
सफ़र पर चलते जाना है।

"जो साथ चले ठीक,
ना चले, और भी ठीक"
बस यही मैंने जाना है।
अगर कभी रुकना पड़े
तो रुक जाना...

कर्म अच्छा है,
तो कर्मफल मिलेगा।
मुक़द्दर में होगा,
तो मंज़िल का रास्ता...
धुंध में भी नज़र आएगा।

www.ingramcontent.com/pod-product-compliance
Lightning Source LLC
Chambersburg PA
CBHW070647240926
51846CB00003BA/818
* 9 7 8 9 3 7 5 4 3 5 3 8 9 *